Retrouvez-nous sur
www.jereussis.info

www.jereussis.info :

- des conseils aux parents
- des exercices supplémentaires
- des histoires à raconter
- de l'Histoire à lire
- des jeux intelligents

Avenue Paul de Lorraine, 5 - 1410 - Waterloo Belgique
Dépôt légal : D/2011/9685/29 - ISBN : 978-2-87546-004-2 EAN : 9782875460042
Imprimé en Europe.

a

a

ANGRY →

ANIMAL →

APPLE →

ARM →

ARROW →

la flèche

le bras

la pomme

l'animal

fâché

a aircraft A

l'avion

ABOVE →

ACCIDENT →

ANKLE →

AQUARIUM →

ASK →

demander

l'aquarium

la cheville

l'accident

au-dessus

b

baby

le bébé

B

BALL →

BANANA →

BEARD →

BED →

BOAT →

le bateau

le lit

la barbe

la banane

la balle

b bread B

le pain

BEDROOM →

BIKE →

BIRD →

BROOM →

BUCKET →

le seau

le balai

l'oiseau

le vélo

la chambre à coucher

C computer C

l'ordinateur

CAR →

CARNIVAL →

CAT →

COAT →

COLD →

froid

le manteau

le chat

le carnaval

la voiture

C Chinese C

le Chinois

CHICKEN →

CHILD/CHILDREN →

CLASSROOM →

COW →

CRY →

pleurer

la vache

la classe

l'enfant/les enfants

la poule

d

date

la date

D

DOCTOR →

DONKEY →

DOOR →

DREAM →

DRINK →

boire

le rêve

la porte

l'âne

le docteur

e egg Ɛ

l'œuf

EAGLE →

1 + 1 = 2

l'oeil

EASY →

l'éléphant

EAT →

manger

ELEPHANT →

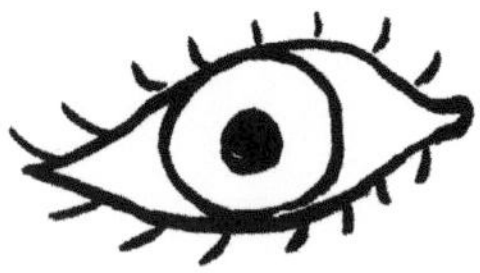

facile

EYE →

l'aigle

e — ear — E

l'oreille

EIGHT →

ELBOW →

EMPTY →

ERROR →

EVENING →

le soir

l'erreur

10 - 2

vide

le coude

huit

g

girl

la fille

g

GARDEN →

GLASS →

GOODBYE →

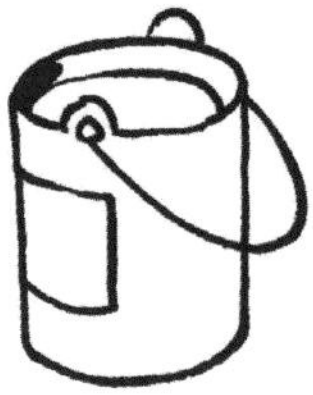

GREEN →

GRIN →

le sourire

vert

au revoir

le verre

le jardin

g gift G

le cadeau

GAME →

le raisin

GIRAFFE →

la grand-mère

GIVE →

donner

GRANNY →

la girafe

GRAPE →

le jeu

h hammer H

le marteau

HARD →

HIGH →

HORSE →

HOUR →

HOUSE →

la maison

l'heure

le cheval

haut

dur

i instruments

les instruments

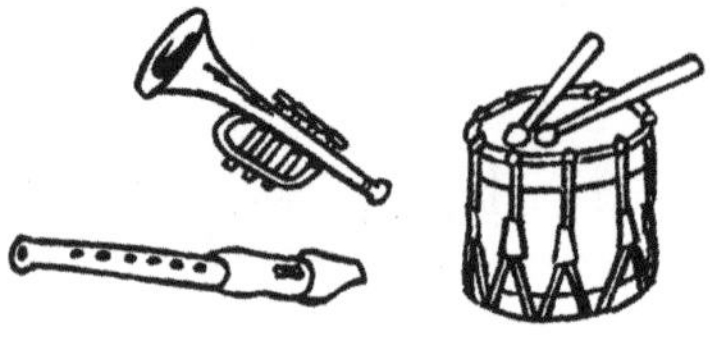

ICE →

IDEA →

IDIOT →

INSECT →

ISLAND →

l'île

l'insecte

idiot

l'idée

la glace

i ice cream I

la glace

I →

IMAGE →

INDIAN →

INK →

INSIDE →

- à l'intérieur
- l'encre
- l'indien
- l'image
- je/moi

j Japanese J
la Japonaise

JANUARY →

JELLY →

JEWEL →

JOKE →

JUICE →

le jus

la blague

le bijou

la confiture

janvier

k

king
le roi

K

KENNEL →

KETCHUP →

KEYBOARD →

KID →

KILO →

le kilo

le gosse

le clavier

le ketchup

la niche

l lightning L

l'éclair

LEG →

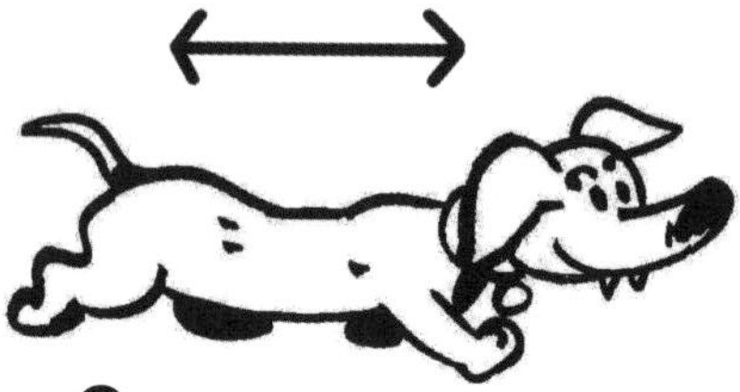

long

LEMON →

écouter

LIP →

la lèvre

LISTEN →

le citron

LONG →

la jambe

l L

lamp

la lampe

LADDER →

LAUGH →

LION →

LOOK →

LORRY →

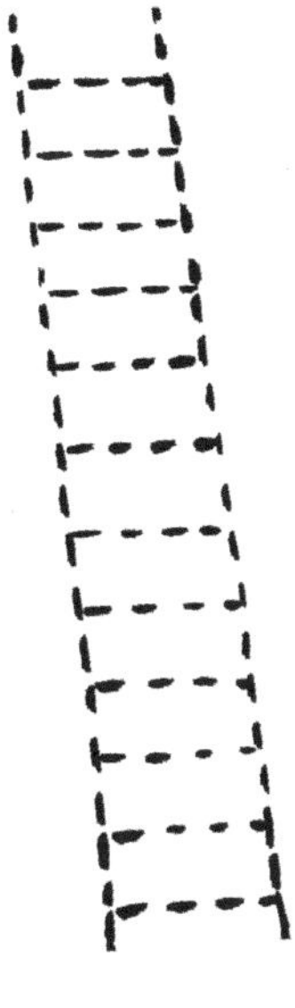

le camion

regarder

le lion

rire

l'échelle

m mouse

la souris

M

MAD →

MILK →

MOTHER →

MOUTH →

MUSIC →

la musique

la bouche

la mère

le lait

fou

m moon M

la lune

MASK →

MEAL →

MONKEY →

MOSQUITO →

MUSHROOM →

le champignon

le moustique

le singe

le repas

le masque

n night N

la nuit

NAME →

NINE →

NO →

NOSE →

NOTEBOOK →

Mary

le cahier

le nez

non

neuf

3 x 3

le nom

n number N

le nombre

NATURE →

NEST →

NEWSPAPER →

NUDE →

NURSE →

l'infirmière

nu

le journal

le nid

la nature

o **old** *vieux*  O

ODOR →

ONE →

OFFER →

ONE →

ORCHESTRA →

OX →

• 1

le boeuf

l'orchestre

un

offrir

l'odeur

O

oar

la rame

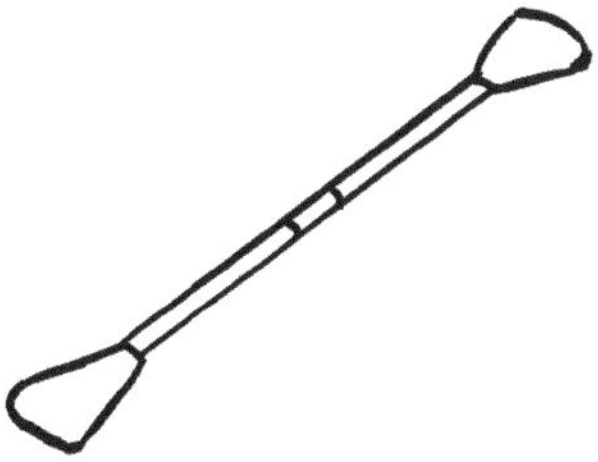

O

OIL →

ONION →

OPEN →

OUTSIDE →

OWL →

le hibou

dehors

ouvrir

l'oignon

l'huile

p P

pencil

le crayon

PARENTS →

PINK →

PLEASE →

POND →

POTATO →

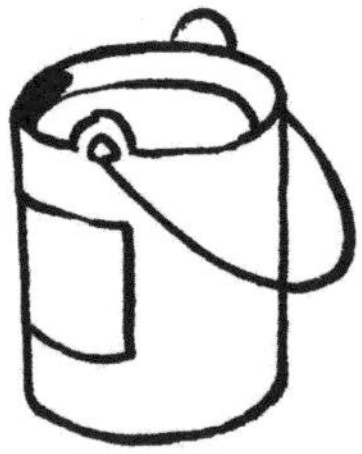

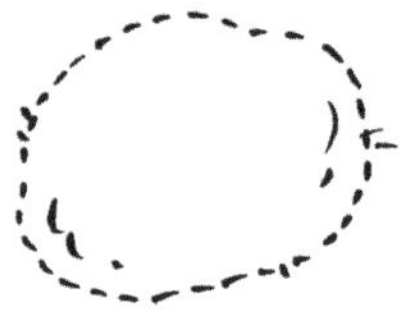

la patate

l'étang

voici

rose

les parents

q Q queen

la reine

q q

QUESTION →

QUEUE →

QUICK →

QUIET →

QUIT →

quitter

tranquille

rapide

la file

questionner

r rabbit R

le lapin

RAIN →

RED →

ROOF →

ROOM →

RUN →

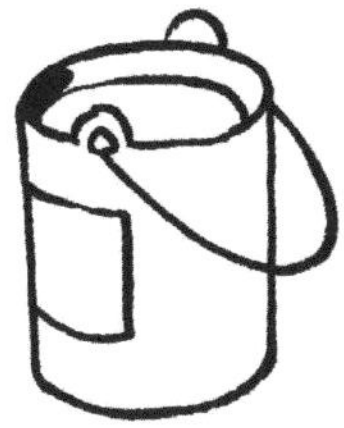

courir

la chambre

le toit

rouge

la pluie

s shower

la douche

SHIRT →

SHOUT →

SNOW →

SOCK →

STORE →

le magasin

la chaussette

la neige

crier

la chemise

t trousers T

le pantalon

TABLE →

THANK YOU →

THINK →

TIRED →

TREE →

l'arbre

fatigué

réfléchir

merci

la table

U u umbrella

le parapluie

U u

UNDER →

UNDRESS →

UNIFORM →

UNPACK →

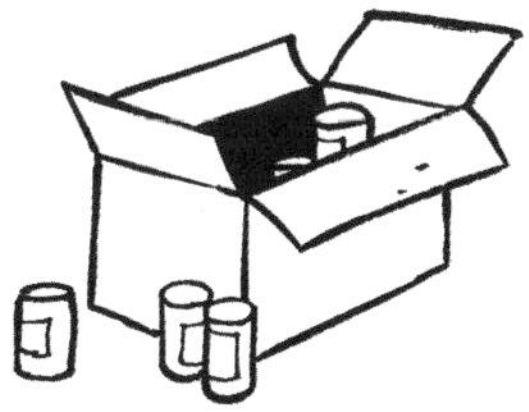

UPON →

sur

déballer

l'uniforme

se déshabiller

sous

v V

vegetable

le légume

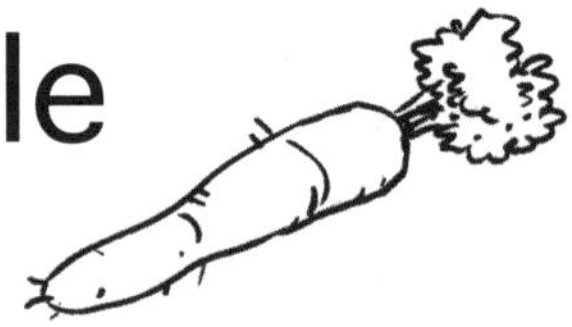

V v

VALLEY →

VEHICLE →

VILLAGE →

VOLCANO →

VOYAGE →

le voyage

le volcan

le village

le véhicule

la vallée

w window

la fenêtre

W

WALL →

WATER →

WHITE →

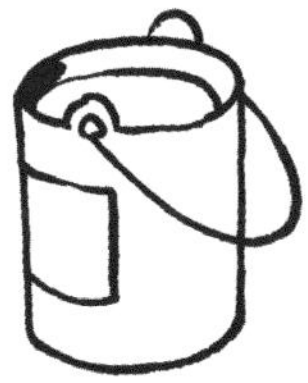

WINTER →

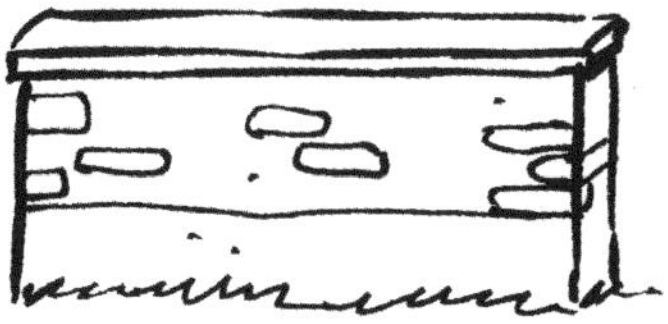

WRITE →

écrire

l'hiver

blanc

l'eau

le mur

W

WC

les toilettes

W

WHALE →

WHAT ? →

WHERE ? →

WIND →

WITCH →

la sorcière

le vent

où ?

quoi ?

la baleine

𝓍 𝒳 xerox

la photocopie

x X

XYLOPHONE →

le xylophone

y Y yes NON y Y

oui

YEAR →

YELLOW →

YESTERDAY →

YOGHURT →

YOUNG →

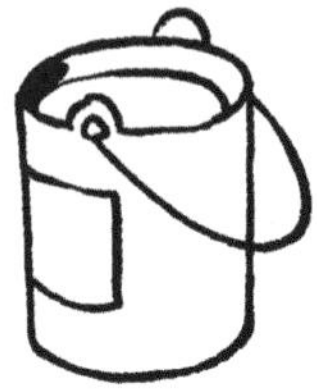

2012

jeune

le yaourt

hier

jaune

l'année

z Z zero 0/10 Z Z

zéro

ZEBRA →

ZOO →

ZIPPER →

la fermeture-éclair

le zoo

le zèbre

Je compte de 1 à 20

1 ONE one ______________________
2 TWO ______________________
3 THREE ______________________
4 FOUR ______________________
5 FIVE ______________________
6 SIX ______________________
7 SEVEN ______________________
8 EIGHT ______________________
9 NINE ______________________
10 TEN ______________________
11 ELEVEN ______________________
12 TWELVE ______________________
13 THIRTEEN ______________________
14 FOURTEEN ______________________
15 FIFTEEN ______________________
16 SIXTEEN ______________________
17 SEVENTEEN ______________________
18 EIGHTEEN ______________________
19 NINETEEN ______________________
20 TWENTY ______________________